Édition Aloepreneur®

# Questions & Réponses

Comment gagner votre
**salaire annuel par mois**
en seulement 3 ans?

Yara Loua

**Avertissement:** Les opinions exprimées ici sont celles de l'auteur à titre privé et en aucune manière ne représentent les vues de la société Forever Living Products International, Inc. Les produits mentionnés ne sont pas destinés à diagnostiquer, atténuer, traiter, guérir ou prévenir une maladie ou une classe de maladies. Vous devriez consulter votre médecin de famille si vous rencontrez un problème médical.

Tout gain présenté dans ce livre n'est pas forcement représentatif des revenus qu'un individu affilié à Forever pourrait ou gagnerait en participant au plan marketing de Forever. Toutes références sur les revenus sont à titre illustratif. Votre niveau de revenu sera déterminé par vos efforts, participations et dédicacions en construisant votre propre affaire. Ces chiffres ne doivent pas être considérés comme une garantie ou projections de vos gains effectifs.

L'auteur se réserve le droit de ne pas être responsable de l'actualité, l'exactitude, l'état complet ou la qualité des renseignements fournis. L'auteur décline toute responsabilité concernant le dommage provoqué par l'utilisation de n'importe quels renseignements, en incluant les renseignements qui sont incomplets ou incorrects. Toutes les offres ne sont pas sous contraintes et sans obligation. Certaines parties des pages ou de la publication complète incluant toutes les offres et les renseignements pourraient être modifiées, changées ou partiellement ou complètement effacées par l'auteur sans annonce préalable. Malgré que nous fassions tout notre possible pour garantir les contenus de notre livre aussi exacts et fidèles que possible, nous ne pouvons pas accepter de responsabilité de leur exactitude, état complet, la liberté de l'erreur ou du fait d'être récent.

ISBN-13: 978-1530874705
ISBN-10: 153087470X

*Ce livre est dédié à mon père et à mère, Dosso Loua et Gouely Diomandé en témoignage de ma reconnaissance. Si aujourd'hui je peux partager avec vous des idées c'est grâce à eux car ils m'ont appris depuis mon bas âge le sens du partage et l'amour du prochain.*

# Table des matières

# Préface

« Bonjour communauté africaine vivant ici aux États-Unis, c'est encore votre jeune frère Yara Loua. Je profite de cette vidéo pour partager des idées avec vous. Chère frère nous avons parcouru près de 7500 km pour venir ici aux États-Unis pour pouvoir jouir du rêve américain et on constate qu'au lieu de pouvoir « enjoy the American Dream » on se retrouve dans le « American Nightmare », c'est des cauchemars et tu vois que les gens souffrent. C'est-à-dire le temps ne nous appartient pas. C'est-à-dire les choses qui sont importantes, on n'arrive même pas à pouvoir le faire. Et chacun de nous ici à 24 heures. Et comme on le dit il y a des gens qui travaillent plus de 80 heures par semaine parce qu'ils ont deux boulots, ils ont trois boulots. A peine ils arrivent à se reposer. Les frères! On n'a pas quitté le pays pour venir ici pour pouvoir faire des boulots vraiment comme on le dit : « pardonnez-moi du terme, boulot de bêlah ». Non ! Les boulots que tu as refusé de faire au pays ce n'est pas ici tu vas venir le faire. Et je comprends que la situation est compliquée. Mais est-ce que vous songez à pouvoir sortir de  cette situation-là ? Et Dieu merci j'ai pu vraiment trouver la solution pour pouvoir vraiment vivre et jouir de ce rêve américain là. Et j'aimerais vous exhorter de venir ensemble on va travailler pour que chacun puisse bénéficier de ce rêve américain là. Et c'est le message que je voulais lancer. Nous sommes dans un pays où il y a beaucoup d'opportunités. Et ici c'est le mind (l'esprit) qui travaille. Travailler dur, travailler avec la force ça ne va pas vous permettre de pouvoir sortir de cette situation. Ça va vous permettre de pouvoir payer vos bills (factures) et puis après il n'y a plus rien qui reste, juste pour pouvoir survivre. Vous devez penser un peu à la famille vous avez laissé en Afrique. Vous devez penser à la famille qui vit ici aux États-Unis…. » Fin de citation.

Vous avez sans doute entendu parler de cette vidéo sur Facebook ou bien quelqu'un de votre entourage vous a invité à la regarder. En effet des milliers de personnes à travers le monde ont eu la chance de visualiser cette vidéo et aussitôt ont décidé de nous contacter pour en savoir plus. Si vous n'avez jamais eu l'occasion de visualiser la vidéo complète, elle est maintenant disponible sur www.yaraloua.com/freedom Nous avons écrit ce livre dans un français simple et facile afin de vous instruire sur notre opportunité d'affaire qui pourrait certainement changer votre vie et vous donner la possibilité de vivre la vie de vos rêves.

Des milliers de personnes rentrent en contact avec nous tous les jours pour trouver des solutions à leurs problèmes. Avant la sortie de ce livre, on avait pour habitude d'instruire notre publique avec notre fameux livre: «*The Aloepreneur Lifestyle : A book for people who want more than just a paycheck* », un livre qui explique notre opportunité dans tous les détails. Mais il était difficile de faire passer le message dans notre communauté parce que l'anglais reste encore une barrière pour certains de nos frères et sœurs africains qui vivent ici aux États-Unis, il était donc important pour nous d'écrire un livre en français qui leur explique dans tous les détails notre opportunité d'affaire.

Celui ou celle qui vous a invité à lire ce livre a certainement beaucoup d'estime pour vous et veut également vous voir réussir : cette personne-là croit beaucoup en vous, vous fait confiance, pense que vous êtes honnêtes et que nous pouvons compter sur vous. Notre culture ou éducation africaine nous incite au partage. Et si aujourd'hui le soleil brille pour toi, pourquoi ne pas faire bénéficier la lumière de ton soleil aux autres ? Beaucoup sont ceux qui cherchent toujours à améliorer la qualité de leur vie ici aux États-Unis comme ailleurs mais ne savent pas quoi faire.

Si vous prenez la peine de lire chaque page de ce livre et décider d'appliquer les enseignements qui s'y trouvent nous vous garantissons que les 3 années à venir ne seront pas les mêmes pour vous et votre famille. Non seulement vous réaliserez vos rêves mais vous serez en mesure de laisser un héritage digne de son nom à plus d'une génération.

Nous vous demandons d'avoir l'esprit très ouvert et de mettre de côté vos connaissances et expériences car elles ne vous seront pas utiles ici. Si aujourd'hui vous n'arrivez pas à avoir le contrôle total de votre vie et que votre avenir se trouve présentement dans les mains d'une autre personne (votre patron), c'est à cause des choix que vous avez fait hier et nous ne voulons plus que vous fassiez de mauvais choix. Voilà pourquoi, nous nous efforcerons de vous expliquer dans tous les détails ce dont vous avez besoins de savoir afin de prendre de bonnes et sages décisions.

Sans plus tarder, découvrons ensemble ce que nous vous réservons.

Bonne lecture !

L'auteur

# Introduction

La lecture quotidienne fait partie d'une des grandes habitudes utilisées par les multimillionnaires pour rester riche. Donc, ce n'est pas un hasard si tu lis ce livre en ce moment parce que tu es né pour réussir et aider ton prochain à vivre une meilleure vie. Si aujourd'hui tu lis ce livre tu as certainement une raison ou plusieurs raisons de vouloir travailler à ton propre compte. Pour moi, j'en avais marre de travailler dur pour peu. Quels que soient les efforts que je fournissais tous les jours au travail, c'est le même salaire que je touchais par mois.

Avant de venir aux États-Unis, j'étais professeur d'anglais dans une école privée à Abidjan et je gagnais 200.000 FCFA (environs $400) par mois. Je travaillais dix heures de temps par jour soit 50 heures par semaine ou 200 heures par mois. Si je fais bien les calculs cela représentait 1000 FCFA (environs $2) par heure. Mais tenez-vous bien, j'enseignais anglais aux étudiants VIPs c'est-à-dire des enfants de ministres et ambassadeurs, des directeurs de sociétés, ou des personnalités importantes du pays ; et ces derniers payaient pour leur formation à l'école plus de 25.000 FCFA (environs $50) l'heure. Donc si j'enseigne 10 heures par jour, je fais gagner à l'école près de 250.000 FCFA (soit $500) par jour et l'école me paie $10,000 FCFA (soit $20) par jour. Moi je trouvais cela comme des foutaises et une injustice !

Je ne pouvais pas accepter de me lever tous les jours à 5 heures du matin pour aller au travail et gagner seulement 10.000 FCFA (soit 4%) par jour pendant que mon patron qui dormait tranquillement chez lui et qui n'avait même pas enseigné un seul étudiant pouvait empocher 240.000 FCFA (soit 96%) du produit de mes efforts. Cela n'était pas juste!
Si au moins, le patron gardait 50% et me payait les 50% restant je pouvais comprendre, parce que c'est son école et il doit payer ses factures. Mais il a décidé de faire autrement et de garder tout l'argent pour lui seul. Donc c'est ce mécontentement qui m'a poussé en fait à vouloir travailler à mon propre compte depuis l'Afrique.

Aujourd'hui je ne veux plus travailler pour quelqu'un, ni pour de l'argent comme un esclave mais plutôt mettre l'argent à mon service et viré mon patron. Ne serait-il pas bon de savoir que l'argent travaille pour vous ? Absolument, oui ! Que feriez-vous donc si vous gagnez votre salaire annuel par mois ? Pensez-vous que cela peut changer complétement votre vie ? Et si vous pouvez réaliser cela en seulement trois ans ? Ça vous intéresserez d'en savoir plus ? Si c'est ce que vous voulez, je serai heureux de partager avec vous ce secret dans ce livre.

Désormais, il est possible de travailler à son propre compte sans pouvoir s'endetter ou sans pouvoir prendre de gros risques. Vous n'avez pas besoin de quitter votre emploi dans un premier temps car vous pouvez travailler à votre propre compte à temps partiel (ne serait-ce qu'une ou deux heures de temps par jour, c'est largement suffisant !) jusqu'à ce que vous gagnez trois à cinq fois votre salaire mensuel et démissionnez de votre emploi si vous le souhaitez. Mais je peux vous garantir si vous suivez les enseignements de ce livre, en moins d'une année vous pouvez gagner plus d'argent que votre patron.

Quand je suis arrivé aux États-Unis, je devais recommencer tout à zéro. Il fallait comprendre le système américain et comprendre comment les choses fonctionnaient ici. J'ai expliqué le parcours de ma vie dans mon livre « *Petit Guide de l'immigrant Africain : 100 recettes pour réussir sa vie aux USA* » qui est disponible sur Amazon et Createspace. Pour ne pas sortir du cadre de ce livre je ne vais pas rentrer dans les détails sur ma vie.

Pour revenir à notre sujet, je vais vous montrer comment je procède avec chaque personne qui me contacte pour en savoir un peu plus sur notre opportunité d'affaire. Je vais prendre l'exemple de Paul Kouassi, un ivoirien qui vit à Atlanta, dans l'état de Géorgie :
*Paul: Allô! Bonjour Mr. Yara, c'est Paul. Je viens de voir votre vidéo sur Facebook et ça m'intéresse.*
*Yara : Bonjour mon frère Paul. Comment allez-vous?*
*Paul: je vais bien. Merci.*

*Yara : Vous dites que vous avez regardé ma vidéo, qu'est-ce que vous avez aimé dans la vidéo?*

*Paul: J'ai aimé le fait que je peux travailler à mon propre compte.*

*Yara : C'est bien! Pourquoi voulez-vous travailler à votre propre compte?*

*Paul: Ça fait plus de 17 ans que je vis aux États-Unis et je suis fatigué de travailler pour les gens. Je commence à prendre de l'âge et rien n'avance concrètement pour moi. Comme vous dites que vous avez la solution pour réussir aux USA voilà pourquoi je vous ai contacté.*

*Yara: D'accord Mr. Paul. Qu'est ce qui est plus important pour vous ? Avoir plus d'argent dans votre compte en banque ? Avoir Plus de temps à passer avec votre famille ? Ou bien être en bonne santé ?*

*Paul: En tout cas tout est bon ! Si c'est l'argent ou bien la santé en tout cas, c'est bon !*

*Yara : Si je vous montre une opportunité d'affaire qui vous donne les trois à la fois : c'est-à-dire beaucoup d'argent dans votre compte en banque, beaucoup de temps à passer avec votre famille et une excellente santé, ça vous intéresserait d'investir dans cette opportunité ?*

*Paul: Bien sûr ! C'est pourquoi je vous ai appelé. Mais je veux savoir de quoi il s'agit d'abord ?*

*Yara : Ok! Qu'est-ce que vous voulez savoir concrètement ?*

*Paul: C'est quel genre de business exactement?*

*Yara: D'accord Mr Paul. Ecoutez, si je dois vous expliquer notre business dans tous les détails ça va me prendre beaucoup de temps. Mais j'ai une bonne nouvelle pour vous, si je vous donne un petit livre de 64 pages qui explique tout sur le business en détails. Ça vous intéresserait de le lire ?*

*Paul: Absolument !*

*Yara : Envoyez-moi votre adresse, et je vous enverrai une copie du livre.*

# Savez-vous pourquoi je n'ai pas expliqué notre opportunité d'affaire à Paul ?

La réponse est très simple. Il y a deux raisons qui m'ont poussé à ne pas lui expliquer le business : **je ne veux pas effrayer Paul avec beaucoup d'informations et je veux faire économiser du temps à Paul.** Première raison, je ne veux pas effrayer Paul avec beaucoup d'informations. Si j'explique tout le business à Paul, il va penser qu'il doit faire la même chose s'il doit expliquer le business à quelqu'un d'autre.

Deuxième raison, je veux faire économiser du temps à Paul. Je ne veux pas que Paul pense que notre business prend beaucoup de temps car une des plus grandes excuses que nous rencontrons avec les gens quand tu leur parles de business, ils te disent : « *je n'ai pas le temps !* ». Si jamais je prends mon temps pour expliquer le business à Paul, cela pourrait me prendre une à deux heures. Par contre si je donne une copie de ce livre à Paul, il aura réponses à toutes ses questions car notre livre va s'occuper de l'instruire sur notre opportunité d'affaire.

Par exemple, s'il y a 100 personnes qui t'appellent par jour et que tu dois prendre une heure de ton temps pour expliquer à chacune d'entre elles le business. Il te faudra au moins 100 heures dans la journée. Alors qu'une seule journée compte 24 heures. Cependant le livre rend notre tâche plus facile parce que pour recommander à quelqu'un de lire ce livre pour s'instruire sur notre opportunité ne te prendra pas plus de 5 minutes. **Pour résumer, nous ne sommes que des messagers et notre message est contenu dans ce livre.**

Paul fait partie des milliers de personnes qui nous contactent tous les jours pour en savoir plus sur notre opportunité d'affaire. Pour éviter de répéter la même chose à chaque fois et se faire passer pour des grands connaisseurs, on laisse le livre parler à notre place et on économise beaucoup de temps.

Nous avons compilé dans les pages qui suivent les questions les plus fréquentes que vous pourriez vous posez au sujet de notre opportunité d'affaire et les réponses appropriées à chaque question. Nous avons repartis les questions en cinq grandes sections à savoir :

- **Section 1 : Notre identité**
- **Section 2 : Notre modèle d'affaire**
- **Section 3 : Notre industrie**
- **Section 4 : Notre partenaire**
- **Section 5 : Nos produits**
- **Section 6 : Notre proposition**

# Section 1 : Notre identité

**Question No.1 : Qui sommes-nous?**
Nous sommes connus sous le nom d'**Aloepreneur**. Un Aloepreneur est une personne qui utilise les produits à base d'aloès tous les jours pour améliorer sa santé et sa situation financière.

**Question No.2 : Quelle est notre mission?**
La mission de l'Aloepreneur est d'instruire et d'inciter l'utilisation des produits à base d'aloès dans chaque maison de notre communauté et sensibiliser les gens à avoir leur propre Aloe Business.

**Question No.3 : Qu'est-ce que nous avons en commun?**
Ce qui unit les Aloepreneurs c'est le désir d'améliorer la qualité de leur vie et de reprendre contrôle de leur vie. Nous voulons :
- Avoir beaucoup d'argent dans notre compte bancaire
- Avoir beaucoup de temps à passer avec notre famille
- Avoir le sourire aux lèvres et l'esprit tranquille
- Avoir une meilleure santé et se sentir jeune
- Avoir la possibilité de voyager à travers le monde
- Avoir la possibilité de contribuer dans le monde
- Avoir la possibilité d'aider les autres
- Avoir une famille qui dit: "Je suis fier de toi!"
- Avoir la possibilité d'être quelqu'un d'important

**Question No.4 : Qu'est-ce qui nous agace le plus?**
Ce qui agace le plus les Aloepreneurs, c'est de voir les gens:
- vivre avec un salaire de misère
- laisser leurs enfants au daycare (garderie) avec des inconnus
- être payés moins que ce qu'ils valent
- être diplômés d'université et de ne pas trouver un travail décent

- passer des heures dans les embouteillages parce qu'ils doivent se rendre au travail
- rentrer du travail chaque jour fatigué
- se faire crier dessus, rabaisser et humilier devant les autres
- demander permission pour partir en vacance ou pour prendre le repas de midi
- travailler toujours à l'âge de 60 ans
- avoir constamment peur de perdre leur emploi
- ne pas pouvoir payer les frais médicaux pour leur famille
- galérer alors qu'ils travaillent
- en avoir marre de leurs situations présentes et ne sachant quoi faire.

## Question No.5 : Qu'est-ce qui fait notre force?

Nous croyons que nous avons la meilleure opportunité d'affaire au monde. Pas parce que nous aidons les gens à améliorer leur santé et situation financière, mais parce que nous donnons la chance aux personnes ordinaires de vivre la vie de leur rêve et de croire à un avenir meilleur. Notre modèle d'affaire s'applique à tous sans aucune discrimination fondée sur la race, le niveau d'études, les expériences professionnelles, l'affiliation politique ou religieuse, le sexe, l'âge, le handicap, etc.

## Question No.6 : Comment devenir Aloepreneur?

Pour devenir un Aloepreneur vous devez remplir trois conditions :
Condition 1 : Décidez de travailler à votre propre compte
Condition 2 : Consommez les produits à base d'aloès
Condition 3 : Recommandez la consommation des produits à base d'aloès aux autres.

# Section 2 : Notre modèle d'affaire

**Question No.7 : Quel est notre modèle d'affaire ?**
Notre modèle d'affaire s'appelle le marketing de réseau /le marketing d'équipe/la publicité du bouche à oreille /la distribution intellectuelle / la vente directe. Dans le cadre de notre livre nous adopterons le terme **marketing de réseau**.

Le marketing de réseau est un modèle d'affaire qui est vieux de 71 ans et qui reste encore peu connu de beaucoup de gens. **Dr. Carl F. Rehnborg** est le père fondateur du marketing de réseau. Il est également celui qui a créé la première multi-vitamine en 1934. Tout a commencé lors de son séjour en Chine dans les années 1915 et 1927 où la population souffrait de malnutrition ; ce qui va d'ailleurs le pousser à s'intéresser à la nutrition et concevoir l'idée d'un complément alimentaire à base de plantes pour renforcer le régime alimentaire. Il a commencé à vendre ses vitamines sous le nom de la société « *California Vitamin company* » et fut rebaptisée en 1939 en tant que Nutrilite. **C'est en 1945, Dr Carl F. Rehnborg a inventé le marketing de réseau pour distribuer ses vitamines.** Un an avant sa mort en 1973, la société « *Nutrilite Products, Inc.* » fut acquise par Amway, une société américaine qui fut fondée par des anciens distributeurs de Nutrilite à savoir Rich DeVos et Jay Van Andel.

**Question No.8 : Qu'est-ce que le marketing de réseau?**
Le marketing de réseau est une approche simple et originale sans beaucoup d'intermédiaires. Vous ne trouverez pas nos produits dans les magasins traditionnels, tels que Walmart, Kroger, Target, Kmart, etc. mais plutôt avec un Aloepreneur.

Si jamais vous avez besoin d'un de nos produits il vous faudra vous adresser uniquement à un Aloepreneur. Comme on peut le voir dans le schéma ci-dessous :

## La distribution traditionnelle
## (4 intermédiaires)

| Producteur | industriel | Importateur | Grossiste | Détaillant | Client |
|---|---|---|---|---|---|

## La distribution intellectuelle/marketing de réseau
## (un seul intermédiaire)

| Producteur | Aloepreneur | Client |
|---|---|---|

## Question No.9 : Comment le marketing de réseau fonctionne ?

Pour bien comprendre le fonctionnement du marketing de réseau. Prenons l'exemple de Steve Job, le fondateur de la société Apple Inc. Comme on le sait déjà le téléphone portable iPhone est un produit de la société Apple Inc. Cependant Steve vous dit : « *mon frère ou ma sœur je dépense beaucoup d'argent dans la publicité à la télévision, à la radio, sur internet ou les magazines pour faire la promotion de mes produits. Comme tu es un grand consommateur de mes produits et tu as déjà un iPhone, j'aimerais que tu me rendes un service. Je veux que tu fasses de la publicité du téléphone iPhone auprès de tes amis et connaissances et en retour je vais te donner quelque chose. Tout ce que tu as à faire est de partager ton histoire auprès de tes proches et amis, montre leur les avantages d'avoir un portable iPhone. Moi, Steve je m'occupe du reste et je vais te fournir tout le nécessaire : c'est-à-dire je vais te fournir un magasin en ligne où tes clients pourront faire leurs achats et passer leurs commandes, je m'occupe également de la livraison et du service client. Tout ton travail c'est de parler aux autres de l'importance d'avoir un iPhone comme tu le ferais pour un film que tu as aimé. Une fois que tes amis passent une commande sur notre site internet je te verse 35% de commission. Si tu recommandes beaucoup de personnes je vais augmenter ta commission jusqu'à 50%.* »

*Comme on peut le voir dans ce cas de figure, c'est la même chose qui se passe avec l'Aloepreneur. Notre rôle est de promouvoir les produits à base d'aloès aux personnes de notre entourage et on se fait récompenser sous forme de commissions. Chaque Aloepreneur à un numéro spécial qui l'identifie qu'on appelle « FBO ID number » ; c'est grâce à ce numéro que nous recevons nos commissions et nous sommes en mesure de faire des affaires dans plus de 160 pays à travers le monde. Chaque personne que vous recommandez sur le site web pour faire ses achats aura besoin de ce numéro pour faire sa commande. C'est de cette manière on sait le nombre de personnes que vous avez recommandé.*

## Question No.10 : Qu'est-ce qu'un Aloe Business ?

Une fois que vous avez décidé de devenir un Aloepreneur, automatiquement vous êtes attribué un Aloe Business. Votre Aloe Business n'est rien d'autre qu'une licence ou une autorisation qui vous permet de faire des affaires avec notre partenaire qui est le leader mondial de l'aloès. Notre partenaire est une multinationale avec les produits et qui nous donne la permission de faire la promotion de ses produits à notre entourage et nous sommes payés en retour.

## Question No.11 : Pourquoi on recrute des personnes dans le marketing de réseau et on veut travailler avec toi ?

La réponse est très simple : pour répondre aux besoins de la clientèle de ton quartier, de ta ville, ou de ton pays.

Pour mieux comprendre, retournons à notre exemple : Steve Job t'a fait confiance pour que tu t'occupes de la promotion de ses produits sur le marché. Mais le gros problème est que tu ne peux pas parler tout seul des produits de Steve à tous les habitants de ta ville ou de ton pays. Donc il te faut avoir une équipe, et travailler avec des gens qui t'aideront à faire la promotion des produits de Steve dans ta ville. Pour cela Steve dit : *« je vais t'encourager davantage à faire la promotion de mes produits. Si tu recrutes une personne pour t'aider à parler de mes*

*produits je vais te donner 20% de commission et si cette personne
arrive à parler à beaucoup de personnes qui parlent aussi à beaucoup
de personnes. Moi Steve je vais te donner 1% sur chaque personne. »*

## Jean Paul Getty a dit: « je préfère avoir 1% des efforts de 100 hommes que 100% de mes propres efforts. »

C'est à peu près la même chose avec les Aloepreneurs, quand on vient
vers vous c'est pour que vous vous associez à nous pour qu'on puisse
répondre aux besoins de cette grande population. Plus ton réseau ou ton
équipe est grande le plus de personnes seront informées de nos produits
et le plus d'argent que chacun de nous va gagner.

Chaque personne dans ton équipe représente un magasin, donc si tu as
100 personnes dans différents quartiers de la ville ou du pays c'est
comme si tu avais 100 magasins. C'est un partenariat gagnant-gagnant.
Tu ne peux réussir dans ce business si et seulement si tu aides les autres
à réussir. Ta réussite dans ce business est fonction de la réussite des
autres. Voilà pourquoi on travaille ensemble comme une famille.

**Question No.12 : Pourquoi nous mettons plus l'accent sur la
distribution que la vente de nos produits ?**
Prenons ces deux cas de figures :
**Cas 1** : Vous achetez en prix de gros une pâte dentifrice à $5 l'unité.
Vous vendez une pâte dentifrice à $7 et vous gagnez $2 comme bénéfice.
Pour gagner $2000 par mois vous devez vendre **1000** pâtes dentifrices.
Ce qui revient à dire vous devez débourser au moins **$5000** pour l'achat
de ces pates dentifrices.

**Cas 2** : Pour **un investissement de $100 par mois** vous avez la
possibilité d'avoir plusieurs distributeurs automatiques de pâte dentifrice
qui vous rapporte 35% de commissions sur le premier distributeur

automatique et 3% de commissions sur les autres distributeurs automatiques que vous possédez.

**Exemple de distributeur automatique**

La bonne nouvelle est que vous n'avez pas à vous occuper de l'entretien du distributeur automatique ni de l'approvisionnement des produits et vous pouvez avoir autant de distributeurs automatiques que vous voulez. Considérons que vous avez au total 1001 distributeurs automatiques à travers la ville.

Si chaque distributeur automatique vend une pâte dentifrice par jour (soit 30 pates dentifrices le mois) et une pâte dentifrice coute $7 l'unité, vous gagner par mois $73.5 de commissions (soit 35% de $210= $7x30) sur le premier distributeur automatique et vous gagnez par mois $2205 de commissions (soit 3% de $73500=$73.5 x 1000) sur les autres distributeurs automatiques. Ce qui revient à un total de **$2278.5 de commissions** pour un **simple investissement de $100.**

# Entre les deux cas de figures quel sera votre choix ?

Je pense que le cas 2 sera votre choix. Comme vous pouvez le voir cas 1 met l'accent sur la vente de produits et cas 2 mais l'accent sur la distribution des produits. Le plus de distributeurs automatiques vous avez, le plus d'argent vous avez et le moins d'efforts vous avez à fournir.

Plutôt que de vendre tout-seul 1000 pates dentifrices par mois, pourquoi ne pas avoir plusieurs distributeurs automatiques qui vendent juste un peu dans le mois. En choisissant le cas 2, vous mettez votre investissement en sécurité, car si une de vos machines tombe en panne vous gagnerez toujours l'argent sur les autres machines.

C'est la même chose que fait l'Aloepreneur, l'Aloepreneur cherche à avoir plusieurs personnes dans son équipe pour répondre aux besoins de la population. L'Aloepreneur n'a pas besoin d'avoir beaucoup de clients, ne serait-ce qu'un client par jour c'est suffisant mais cherche plutôt à avoir plusieurs partenaires ou personnes qui veulent devenir Aloepreneurs. De sortes que s'il arrivait que l'Aloepreneur soit malade ou incapable de vendre pendant 6 mois, son équipe continuera de lui faire gagner de l'argent. Voilà pourquoi nous insistons à travailler avec des personnes sérieuses et honnêtes. Une équipe forte et dynamique apporte la sécurité financière et met tout le monde à l'abri des problèmes. Une équipe de 20,000 personnes ou plus peut se faire en espace de 3 ans ou 5 ans ; mais une fois que vous avez une équipe pareille, l'argent travaillera pour vous tous les jours même si vous êtes en vacance, même si vous êtes en train de dormir, même si vous êtes malades, même si vous faites du shopping, etc.

## Question No.13 : Quels sont les personnes que nous recrutons ?

Nous recrutons en principe les gens qui veulent devenir Aloepreneur et travailler à leur propre compte. Mais, ce n'est pas tout le monde qui veut devenir son propre patron car certains sont uniquement des consommateurs et veulent tout simplement bénéficier des réductions de nos produits et avoir les produits en prix de gros. Cependant, on travaille avec deux catégories de personnes : ceux qui veulent consommer nos produits ou ceux qui veulent travailler à leur propre compte.

## Question No.14 : Comment gagne-t-on l'argent dans le marketing de réseau ?

Il y a deux manières pour gagner de l'argent dans le marketing de réseau, soit par la vente des produits ou par le recrutement de personnes. Par la vente de produits, chaque fois que quelqu'un passe une commande sur votre site web (Aloe Store ou boutique Aloe), vous gagnez des commissions.

**Les Aloepreneurs gagnent 35% de commissions sur chaque achat sur leur site web et 20% de commissions sur chaque personne recrutée.** Il y a également des bonus de groupe ou d'équipe qui varient de **3% à 13%** de commission sur le chiffre d'affaire de votre équipe.

Par exemple si votre équipe a vendu **$100.000** de produits dans le mois, votre bonus peut varier de **$3.000** à **$13.000** le mois.

**N.B : Il est important de savoir que nous sommes uniquement payés quand les personnes recrutées consomment nos produits.**

Un autre exemple pour avoir une idée de ce que vous pouvez gagner dans le marketing de réseau. Supposons que vous recruter 3 personnes dans votre organisation ou équipe pour vous aider à faire la promotion des produits de Steve dans votre ville et ces trois personnes recrutent également trois personnes, vous aurez au dixième niveau plus de 59.000 personnes dans votre organisations :

Niveau 1 : 3 personnes
Niveau 2 : 9 personnes
Niveau 3 : 27 personnes
Niveau 4 : 81 personnes
Niveau 5 : 243 personnes
Niveau 6 : 729 personnes
Niveau 7 : 2187 personnes
Niveau 8 : 6561 personnes
Niveau 9 : 19683 personnes

Niveau 10 : 59.049 personnes

Ce que chacun avait à faire était de recruter seulement trois personnes. Tout le monde connait au moins 3 personnes dans sa vie. N'est-ce pas ? Supposons que vous gagnez 5% sur le rendement de votre équipe de 59.049 personnes. Si dans le mois chacun dépense $100 de produits, ça fait un total de $5.904.900 ($100x59.049) et vous gagnez $29.524.5 le mois (soit 5% de $5.904.900) du produit des efforts de votre équipe.

Imaginez un peu quelqu'un qui vit à New York City dans le Bronx où il y a plus de 1.4 million d'habitants. Si vous réussissez à mobiliser une équipe là-bas, et vous parlez de vos produits à vos voisins et connaissances, vous n'êtes pas devenu millionnaire comme ça ! Même si vous vivez dans une petite ville, le principe marchera également. Voilà pourquoi le boutiquier ou le propriétaire de la seule pharmacie ou boulangerie de votre ville ou quartier est devenu riche. Tout le monde vient faire achat chez lui. Donc c'est le moment idéal pour commencer vos affaires avec nous car les gens viendront acheter nos excellents produits avec vous.

Pour résumer, plus votre organisation ou équipe s'agrandit plus d'argent vous gagnez. Dans les chapitres à venir nous allons vous parler un peu du système que nous utilisons pour atteindre de bons résultats.

## Question No.15 : Pourquoi le marketing de réseau est efficace ?

C'est une méthode très efficace car les particuliers font davantage confiance au bouche-à-oreilles qu'aux spots publicitaires. Laissez-moi vous posez une question : si deux personnes vous vendent un produit ayant le même prix et la même qualité. Allez-vous l'achetez avec votre meilleur ami ou bien avec un étranger ? Je pense bien que vous l'achèterez avec votre meilleur ami parce que vous faites plus confiance à votre ami qu'à un inconnu, n'est-ce pas ?

## Question No.16 : Pourquoi le marketing de réseau est la solution pour votre liberté financière ?

Les investisseurs, artistes musiciens, auteurs, etc. sont ceux qui bénéficient de revenus résiduels. Mais et les gens ordinaires ? Les gens ordinaires ont été oubliés dans tout ça jusqu'à ce que Dr. Carl Rehnborg surgisse avec sa méthode qui va changer la vie de milliers de personnes à travers le monde.

Les personnes les plus riches au monde ne travaillent pas pour de l'argent mais l'argent travaille plutôt pour elles. Quand l'argent travaille pour toi on parle de revenu résiduel. C'est un peu comme quelqu'un qui a construit un immeuble et fait louer ses appartements à des particuliers. Chaque mois qui passe, il ne fait que gagner de l'argent et cela va continuer jusqu'à sa mort. Donc pour résumer, **le revenu résiduel est l'argent que tu continues de gagner sur plusieurs années après avoir travaillé une seule fois.**

Cependant, pour les personnes qui désirent un revenu résiduel et qui ne disposent pas de beaucoup d'argent pour construire un immeuble ou investir en bourses, de talents comme les artistes ou auteurs pour recevoir des droits d'auteurs, ou d'héritage de parents riches, le marketing de réseau reste la solution idéale pour réaliser la liberté financière et vivre la vie de ses rêves.

Une fois que vous aurez monté une équipe dynamique vous allez recevoir l'argent tous les jours, toutes les semaines, tous les mois, et toutes les années comme le propriétaire d'immeuble pour le restant de votre vie.

Comparons le marketing de réseau avec les autres moyens pour atteindre la liberté financière :

| | Les médecins sont les plus payés aux USA | Les chefs d'entreprise embauchant plus de 500 personnes | Les investisseurs | Les célébrités | Les Aloepreneurs |
|---|---|---|---|---|---|
| Exemple | Les **anesthésiologistes** gagnent presque $250,000 par an | **Mark Zuckerberg**, fondateur de Facebook avec une fortune estimée à plus de $35,7 milliards en 2015 | **Warren Buffet**, avec une fortune de plus de $66,7 milliards en 2015 | **Michael Jordan**, basketteur professionnel avec une fortune de $1.14 milliards en 2016 | **Rolf Kipp**, qui gagne plus de $780,000 par mois grâce au network marketing |
| Investissement initial | Prêt scolaire + longues études supérieures | Avoir beaucoup d'argent (Prêt bancaire ou fond personnel) | Avoir beaucoup d'argent (Prêt bancaire ou fond personnel) | Plusieurs heures d'entrainement | Petit montant (Commence ton business avec $100) |

| Compéten ces requises | Etre très intelligent | Etre riche ou avoir une invention | Etre riche ou compétent dans ton domaine | Etre talentueux | Etre ouvert d'esprit |
|---|---|---|---|---|---|
| Contrôle de tes horaires de travail | NON | OUI | OUI | NON | OUI |
| L'argent travaille pour toi | NON | OUI | OUI | OUI (seulement dans la publicité) | OUI |
| Si tu tombes malade pendant un an | Ton salaire s'arrête | Tu continues de gagner de l'argent à cause de ton entreprise | Tu continues de gagner de l'argent à cause de tes investisse ments | Ton salaire s'arrête | Tu continues de gagner de l'argent à cause de ton équipe |

Le marketing de réseau reste la meilleure alternative pour réaliser la liberté financière dans le 21$^e$ siècle. Voilà pourquoi on l'appelle l'opportunité d'affaire du 21$^e$ siècle.

## Question No.17 : Si cette méthode reste la meilleure, pourquoi les medias n'en parlent pas ?

C'est une très bonne question ! Si aujourd'hui les medias n'en parlent pas cela est fait exprès. Supposons que les medias en parlent, et que tout le monde décide de travailler à son propre compte. Mais qui acceptera de faire les petits boulots (comme balayeurs de rue, chauffeur de taxi, laveur d'assiettes, etc.) ou qui acceptera de travailler pour quelqu'un d'autre. Si tout le monde devient son propre patron, ce sera l'effondrement de notre système économique, le capitalisme. Ce système fut créé pour enrichir les entrepreneurs et non les travailleurs. Beaucoup de jobs vont disparaitre, les patrons vont perdre leur pouvoir et le gouvernement va perdre beaucoup d'argent car les gros payeurs de taxes ou impôts aux États-Unis restent les travailleurs.

C'est un peu l'exemple d'une banque où tous les clients décident de retirer leur argent ; sur le long terme la banque va s'effondrer car elle ne pourra plus faire de bénéfices. C'est pourquoi au lieu d'encourager les gens à se prendre en charge et travailler à leur propre compte, les medias vont au contraire décourager les gens à se lancer dans le marketing de réseau en particulier ou l'entrepreneuriat en général. Vous allez entendre des propos tels que : « ce sont des arnaques », « c'est trop risqué de faire des affaires sur internet », « tu vas laisser ton boulot, pour te lancer dans quelque chose que tu ne connais pas », etc.

Notre société d'aujourd'hui nous encourage à s'endetter afin de créer une entreprise, tout simplement parce que les banques veulent avoir toujours le contrôle sur notre vie. Regardez un peu autour de vous et dites-moi, combien de personnes aujourd'hui possède quelque chose. Pour avoir une maison, une voiture ou partir à l'école ici aux USA tu dois forcement t'endetter. Ce qu'on oublie s'endetter c'est perdre le contrôle de sa vie, car tu ne seras jamais libre tant que tu dois à autrui. Voilà pourquoi beaucoup sont ceux qui ne vont jamais arrêter de travailler aux Etats-Unis à cause des dettes qu'ils ont accumulées ces dernières années. La preuve, il est plus facile d'avoir un prêt scolaire ici aux Etats-Unis que d'avoir un prêt pour commencer ton propre Business. Encore une fois, on encourage plus les gens à partir à l'école pour devenir des travailleurs plutôt que des entrepreneurs pour avoir le contrôle de leur vie.

## Question No.18 Combien de personnes sont impliquées dans le marketing de réseau ?

Il y avait plus de **99 millions de personnes** dans le monde impliquées dans le marketing de réseau en 2014 produisant un chiffre d'affaire de **182,8 milliards** de dollars.

## Question No.19 Quand est-il du marketing de réseau et les autres industries ?

Pour avoir un peu une idée du marché mondial, comparons le marketing de réseau avec les autres industries :

| Industries (en 2014) | Football Americain | Musique | Jeu Vidéo | Cinéma | Marketing de réseau |
|---|---|---|---|---|---|
| Chiffre d'affaire mondial (en $ milliards) | 12 | 15 | 46.5 | 88.3 | 182.8 |

LE MARKETING DE RESEAU ET LES AUTRES INDUSTRIES EN 2014

Comme on peut le constater, l'industrie du marketing de réseau est une industrie solide dont les distributeurs repartent avec plus de 40% de commissions de ce chiffre d'affaire.

## Question No.20 Quels sont les dix idées fausses sur le marketing de réseau ?

1. **Le marketing de réseau, c'est faire la vente de porte-à-porte**: Les Aloepreneurs ne font pas la vente de porte-à-porte. Nous avons notre boutique en ligne qui s'occupe de nos clients. Puisque nous sommes des grands consommateurs de nos produits, on ne fait que partager notre témoignage des produits avec les autres c'est tout ! De la même manière tu vas regarder un film au Cinéma. Par exemple Rambo 2, et tu recommandes à tes amis d'aller regarder le film parce que tu l'as aimé. C'est la même chose que tu fais avec nos produits. Par exemple, tu peux dire à Paul : « Hey Paul, j'utilise un savon à

base d'aloès qui sent très bon et adouci la peau, je te conseille de

l'essayer si tu veux te sentir bien dans la peau. »

2. **Le marketing de réseau n'est rien d'autres que des arnaques :** Cela fait plus de 35 ans que notre partenaire existe et est présent dans plus de 160 pays si c'était des arnaques, la société aurait fermé depuis 1978 et le fondateur serait en prison. Comme on l'a dit plus haut ce sont des techniques qui sont utilisées pour décourager les gens à s'intéresser au marketing de réseau et à réaliser leur rêve.

3. **Seulement les gens qui ont commencé tôt le business gagnent plus d'argent:** Cela n'est pas toujours le cas. Je connais beaucoup de personnes qui gagnent plus d'argent que leur parrain ou sponsor c'est-à-dire celui qui les a introduits dans ce business pour la première fois. C'est une des activités les plus justes au monde car tu es récompensé en fonction de ton rendement. Si tu mets plus de temps et d'effort dans le développement de ton équipe le plus d'argent que tu vas gagner. Si tu fournis moins d'efforts tu gagneras moins pareillement.

4. **Le marketing de réseau n'est rien d'autre que recruter beaucoup de personnes :** Cela n'est pas exact ! tu n'approches uniquement ceux qui veulent réaliser leur rêve et avoir le contrôle de leur vie. Il ne suffit pas de recruter les gens et dire qu'on fait le marketing de réseau mais plutôt aider les gens à améliorer leur santé et situation financière. Nous croyons au message de Zig Ziglar qui dit : « Tu obtiendras tout ce que tu veux dans la vie  si et seulement si tu aides beaucoup de personnes à obtenir ce qu'ils veulent. »

5. **Le marketing de réseau est l'argent en vitesse :** Si vous pensez que vous allez vous enrichir sans fournir d'efforts vous avez menti. Il n'y a rien sur cette terre qui est gratuit. Il y a toujours le prix à payer pour tout ce qu'on veut avoir dans la vie. Vous devez être également très généreux, avoir l'amour du prochain, et penser à la réussite des autres avant votre propre réussite. De plus, Il vous faudra sacrifier un peu de votre temps, diminuer les heures devant la télévision et se réveiller tôt le matin pour donner du temps à votre Aloe Business afin de faire agrandir votre organisation ou  équipe. Même si

certaines personnes arrivent à gagner beaucoup d'argent en quelques mois d'activité comme c'est le cas d'Emma Cooper de Manchester, Royaume-Uni qui a gagné plus de $50,000 par mois en seulement 17 mois d'activité, la réalité n'est pas la même pour tout le monde. Il faut vous donner au moins 3 à 5 ans pour agrandir votre équipe et espérer avoir de gros résultat. Comme on le dit tout est possible dans ce business, si tu travailles dur tu seras payé en conséquence, seul le ciel est ta limite.

6. **Le marketing de réseau c'est pour les gens qui ont le parler facile ou des compétences en marketing :** « Moi j'ai honte de parler aux gens et je ne sais pas si je serai capable de le faire ». Tu n'es pas tout seul dans cette situation, je suis moi-même de nature timide mais quand on m'a dit que ce je dois dire aux gens est uniquement mon témoignage de l'utilisation des produits et les avantages qu'on trouve dans ce business ; cela est devenu facile pour moi. Aujourd'hui avec ce livre vous n'avez même pas à expliquer quoi que ce soit aux gens car ce livre va s'occuper de parler à votre place. Vous ne jouez que le rôle de messager. C'est une des affaires uniques au monde où vous n'avez pas besoin d'être diplômé d'université, ni avoir des expériences professionnelles en marketing ou vente, car votre sponsor ou parrain va s'occuper de votre formation et vous montrera les étapes à suivre afin de réussir. Tu travailles à ton propre compte mais pas tout seul. Pour cela tu n'as pas à te faire beaucoup de soucis parce que si Ali Fhima de la France qui est sourd-muet ou Kapil Ahuja de l'inde qui est aveugle ; tous les deux handicapés ont pu réussir dans ce business tu n'as pas d'excuses ou de raisons pour ne pas réussir aussi.

7. **Le marketing de réseau c'est pour les gens qui ont le temps :** « Moi avec mes deux djossis ou boulots, je dois partir à l'école. Je n'aurai pas le temps pour faire ce business-là ». Je te comprends parfaitement car beaucoup de personnes se sont trouvées dans cette même situation. Mais tout est question d'organisation de son temps et de faire un peu de sacrifice. Tu peux utiliser tes pauses de travail pour faire ton business, diminuer ton temps sur les réseaux sociaux,

diminuer ton temps devant la télé, diminuer ton temps dans les causeries inutiles, etc. car tu n'as uniquement besoin d'une à deux heures de temps par jour pour faire ce business. Avec ce livre tu auras besoin de seulement 30 minutes par jour car tout ton travail serait de passer quelques coups de fil et encourager les gens à lire ce livre pour les instruire sur notre opportunité. Pour dire à quelqu'un de lire ce livre combien de minutes ça va te prendre. Si tu arrives à passer le message a beaucoup de personnes dans la journée te voilà sur le chemin de devenir financièrement indépendant. Pour cela nous avons même rabaissé le prix de ce livre de telle sorte vous ayez au moins 10 copies sur vous pour faire passer le message autour de vous. Vous prêtez le livre aux gens quand ils finissent de lire, ils vous le ramènent.

8. **Le marketing de réseau est pour ceux qui connaissent beaucoup de personnes :** « Moi je suis nouveau aux USA et je ne connais pas beaucoup de personnes ici. » Vous n'avez pas à vous faire de soucis car notre business peut se faire dans plus de 160 pays à travers le monde. Nous sommes presque présents dans les 4 coins du globe. Vous avez besoin de seulement trois personnes pour commencer votre business et d'ailleurs chacun de nous connait au moins trois personnes dans sa vie. Aujourd'hui avec les réseaux sociaux comme Facebook et Twitter il est facile de se faire des amis à travers le monde. La preuve la majeure partie des personnes de mon organisation ou équipe sont des gens que je ne connaissais pas avant. On s'est juste rencontré sur Facebook. Un des conseils que je donne à mes filleuls ou les membres de mon équipe est d'adhérer à différent groupe ou club d'amis sur Facebook pour rencontrer de nouvelles personnes. Vous pouvez même poster des vidéos ou des images sur Facebook et inviter les gens à jeter un coup d'œil sur votre opportunité d'affaire.

9. **Le marketing de réseau demande beaucoup d'argent pour commencer :** Cela n'est pas vrai ! C'est une des opportunités d'affaire où tu n'as pas besoin de t'endetter ou puiser dans tes économies pour commencer. Contrairement aux autres business où

tu dois demander un prêt bancaire pour financer tes activités, avec le marketing de réseau vous n'avez pas à vous faire de soucis pour un local, vous n'avez pas à payer des factures ou à embaucher quelqu'un, vous n'avez pas à concevoir un produit ou vous occupez du stockage des produits. Les Aloepreneurs commencent leur Aloe Business avec seulement $100. Et votre investissement de $100 n'est rien d'autre que la commande de produits à base d'aloès que vous faites afin de mieux connaitre les produits. Car vous ne pouvez pas parler de l'efficacité de nos produits aux autres si vous-même vous n'en consommez pas. Notre partenaire d'affaire vous fournira tout le nécessaire pour s'occuper de votre clientèle : vous aurez votre propre boutique en ligne ouvert 24 heures sur 24, des commerciaux qui s'occupent de la commande et des livraisons de vos clients et même du service après-vente. Chaque fois que quelqu'un fait ses achats en ligne vous êtes payés des commissions qui sont virées directement sur votre compte en banque ou bien sur votre carte de débit. Ce n'est pas bon ça ?

10. **Le marketing de réseau entraine la saturation du marché** : Voici une des fausses idées que beaucoup de gens se font sur notre industrie. Dans la pratique il est impossible que tout le monde entier deviennent distributeur ou Aloepreneur car ce n'est pas tout le monde qui veut être son propre patron.

S'il y avait saturation dans le marché je ne pense pas que les sociétés qui sont impliquées dans le marketing de réseau souhaiteront avoir encore des gens pour distribuer leurs produits.

# Section 3 : Notre industrie

**Question No.21 : Quelle est notre industrie ?**

Nous sommes dans **l'industrie du mieux-être**. C'est-à-dire tout ce qui contribue à améliorer votre santé en général, tout ce qui contribue à vous sentir jeune et en pleine forme.

**Question No.22 : Pourquoi investir dans cette industrie ?**

L'industrie du mieux-être est une industrie qui s'agrandit très rapidement de jour en jour et qui est très rentable. Elle est trois fois plus grande que l'industrie pharmaceutique mondiale et aujourd'hui représente plus de 3,4 trillion de dollars de chiffre d'affaire annuel dans le globe. Donc il y a beaucoup d'argent a gagné ici si vous investissez dans ce business.

La preuve est que tout le monde veut se sentir en pleine forme et plus jeune que son âge. Même si les temps sont durs les gens peuvent ne pas avoir l'argent pour acheter une nouvelle voiture ou une nouvelle montre mais ils auront toujours l'argent pour acheter du savon pour se laver, une pâte dentifrice pour se brosser les dents, des lotions pour se pommader, des parfums pour sentir bon, ou carrément voudront essayer des produits pour perdre du poids. Cependant vous ne manquerez jamais de clients parce que tout le monde aime se sentir bien dans sa peau.

**Paul Zane Pilzer**, entrepreneur, économiste de réputation mondiale a dit que les prochains millionnaires sont les **entrepreneurs du mieux-être**. Il nous donne même une meilleure description du mieux-être comme «**la plus grande industrie au monde** ». Dans son livre, *La Révolution du mieux-être: comment faire fortune dans la prochaine industrie multimilliardaire,* il a dit :

**« La possibilité de faire une fortune incroyable en aidant les gens à se sentir jeune et en pleine forme dans la plus grande industrie au monde – le mieux-être. »**

Alors c'est une opportunité à bien saisir !

Dans les prochaines pages nous allons parler des différents segments du mieux-être que notre partenaire a choisi pour répondre aux besoins de cette clientèle mondiale.

# Section 4 : Notre partenaire

### Question No.23 : Qui est notre partenaire ?

Notre partenaire d'affaire s'appelle **Forever Living Products International, Inc.** C'est une entreprise américaine qui produit et commercialise des compléments alimentaires et des produits cosmétiques principalement à base d'aloès par le bais du marketing de réseau. Elle a été fondée en **1978** par **Rex Maughan.** Aujourd'hui Forever est présente dans plus de **160 pays**. Pour en savoir plus sur Forever, visitez www.foreverliving.com

### Question No.24 : Pourquoi nous avons fait confiance à notre partenaire ?

Nous avons fait confiance à notre partenaire non pas parce qu'elle est le leader mondial de l'aloès mais parce que c'est une entreprise **stable, solide**, **dynamique** et produisant des produits d'excellentes qualités que vous ne pourrez jamais trouver ailleurs.

Forever est verticalement intégrée c'est-à-dire qu'elle contrôle toutes les étapes de la production et ne dépend d'aucune entreprise pour la fabrication de ses produits. La société a ses propres champs d'aloès, ses propres usines, ses propres chercheurs, ses propres centres de distributions.

Forever est une entreprise riche et sans dette. Elle produit plus de **3 milliards de dollars** de chiffre d'affaire par an (environs 1727 milliards de FCFA ce qui est légèrement au-dessus du budget malien en 2015, qui était de 1714,532 milliards de FCFA) et a des actifs ou des biens qui sont estimés à plus de 2 milliards de dollars.

Les Aloepreneurs ont choisi Forever parce que la société nous offre la possibilité de vivre et travailler selon nos propres valeurs, nous donne la chance d'arranger notre vie autour de nos proches et de ce qui nous est cher. C'est la seule société qui te paie pour devenir jeune et en pleine forme. Grâce à Forever, je suis capable de prendre mon billet d'avion et voyager le weekend avec ma famille dans n'importe quelle destination du monde. Récemment, nous étions au Canada et je n'ai jamais imaginé que moi un enfant de Yopougon, quartier populaire d'Abidjan pourrait un jour voyager à travers le monde.

Forever a fait ses preuves depuis 1978 et continue de rendre heureux des millions de personnes à travers les 4 coins du globe. Aujourd'hui il y a plus de 10 millions de distributeurs des produits de Forever à travers le monde.

Forever a créé beaucoup de millionnaires et continue de sortir des millions de personnes de la pauvreté. C'est une société qui répond aux aspirations de tous les Aloepreneurs. Voilà pourquoi nous sommes heureux de savoir que notre avenir est assuré avec Forever.

## Question No.25 : Quels sont les différents segments du mieux-être offerts par notre partenaire ?

Comme on l'a dit ci-haut, l'industrie du mieux-être est une industrie très rentable, c'est pourquoi Forever a choisi de nous donner la possibilité de faire la promotion de ses produits de qualité dans ces différents segments du mieux-être à savoir :

* La **gestion du poids** qui représentait plus de 672 milliards $ de chiffre d'affaire en 2015.
* Les **produits de soins de la peau,** le marché devrait atteindre 102 milliards $ de chiffre d'affaire d'ici 2018.
* L'industrie du **fitness**, 75 milliards $ de chiffre d'affaire en 2014.
* Les **compléments alimentaires**, 3,3 milliards $ de chiffre d'affaire en 2015.
* Les **produits de soins personnels**, le marché est prévu pour atteindre 630 milliards $ d'ici 2017.

- Les **huiles essentielles**, le marché devrait atteindre 11,67 milliards $ en 2022.

Voilà un peu les domaines où on peut faire facilement fortune. A vous de choisir le domaine qui vous intéresse et le tour est joué ! Votre seul travail ici est d'informer cette clientèle-là de comment sont excellents les produits à base d'aloès et vous voilà millionnaire.

# Section 5 : Nos produits

### Question No.26 : Quels sont nos produits ?

Les produits que nous consommons et recommandons aux autres sont essentiellement fabriqués par notre partenaire Forever. Vous ne trouverez jamais nos produits dans les grands magasins ou centres commerciaux mais uniquement avec les Aloepreneurs.

Forever offre une vaste gamme de produits à savoir:
- Les boissons à base d'aloès
- Nutrition
- Les produits de la ruche
- Gestion du poids
- Soins de la peau
- Produits cosmétiques
- Produits maison
- Huiles essentielles
- Produits pour les animaux

Consultez le catalogue de nos produits sur :
www.aloepreneur.com/catalogue (version en français)
www.aloepreneur.com/catalog (version en anglais)

### Question No.27 : Pourquoi utiliser nos produits ?

La réponse est très simple parce que nous avons les meilleurs produits au monde. Nos produits sont à base d'aloès. Pour ceux qui ne connaissent pas l'aloès ou l'aloe vera, c'est une plante qui date de plus de 5000 ans et regorge de plusieurs vertus thérapeutiques. On appelle l'aloès la plante miraculeuse : l'aloès est mentionné 6 fois dans la bible, c'est une des rares plantes à contenir la vitamine B12 qui est importante pour le bon fonctionnement du système nerveux, du cerveau et de la production des globules rouges. Même des personnages et leaders de l'histoire avaient fait usage de l'aloès tels que les reines d'Égypte Cléopâtre et Néfertiti utilisaient l'aloès pour leur régime de beauté ; Christophe Colomb et Alexandre Le Grand utilisaient l'aloès pour soigner la blessure de leurs soldats ; le Roi Salomon a cultivé l'aloès ; et Mahatma Gandhi a utilisé l'aloès pour se maintenir en vie pendant de longues journées de jeûne.

De plus, nous avons d'excellents produits qui supportent le bon fonctionnement de votre organisme de la tête au pied à savoir :

**Cerveau/santé mémoire, immunité et santé respiratoires, gestion de poids, santé gastro-intestinale, santé cardiovasculaire, beauté, articulation/inflammation, anti-âge/longévité, bien-être général, santé des yeux, santé buccale, santé des os, stress, humeur/santé émotionnelle, reproduction, énergie et performance.**

Si jamais un de nos produits ne vous convient pas nous avons mis en place une politique de **30 days money back guarantee** ce qui veut dire que vous avez 30 jours pour retourner un produit si cela ne vous convient pas et on vous rembourse votre argent. Dans les pays comme l'Angleterre cela dure jusqu'à 60 jours. Mais rassurez-vous vous ne serez pas déçus de nos produits car ils sont excellents.

## Question No.28 : Quelle est la différence entre les médicaments et les compléments alimentaires ?

Il est important de savoir que les compléments alimentaires ne sont pas des médicaments. Il est STRICTEMENT interdit de dire que nos produits peuvent guérir ou soigner une maladie. Les produits de Forever sont des compléments alimentaires et non des médicaments.

Les compléments alimentaires sont utilisés quand l'organisme s'appauvri en vitamines et minéraux. Nous savons que la première source de vitamines et minéraux se trouve dans notre alimentation. Pourtant, les aliments en contiennent de moins en moins, et les modes de préparation et de cuisson des aliments peuvent encore réduire les quantités de nutriments essentiels présents dans notre nourriture quotidienne. En effet, mal préparés ou mal cuits, les aliments peuvent perdre plus de la moitié de leurs vitamines. De plus, avec notre rythme de vie qui est de 100 à l'heure ici aux USA, accompagné souvent du stress, de la fatigue, des troubles du sommeil, d'une alimentation déséquilibrée peuvent conduire notre organisme à une carence ou un manque en vitamines et minéraux. Ainsi pour remédier à ce problème de manque de vitamines et minéraux il serait important de consommer les compléments alimentaires. La bonne nouvelle il n'y a pas d'effets secondaires contrairement aux médicaments qui sont des substances chimiques qui affectent notre organisme de façon agressive.

## Question No.29: Quel produit peux-tu me conseiller ?

Tous les produits de Forever sont bons, j'utilise plus d'une vingtaine de produits tous les jours parce que je veux me sentir en pleine forme et paraitre plus jeune que mon âge. Chez moi à la maison, j'ai complètement changé les autres marques de produits avec les produits de Forever :

### La pâte dentifrice

Je me brosse les dents avec la pâte dentifrice de Forever parce que c'est un produit sans fluor à base d'aloès et de propolis (un antibiotique très puissant) ; 95% des pâtes dentifrices sur le marché sont à base de fluor et le fluor est un poison et représente un danger pour ma famille. Il y a eu des cas de décès aux USA à cause du fluor ; raison pour laquelle si vous regardez aux dos de votre pâte dentifrice vous verrez qu'il est mentionné : **« Keep out of reach of children under 6 years of age. If more than used for brushing is accidentally swallowed, get medical help or contact a Poison Control Center right away. »** Ou en français : **« Garder hors de la portée des enfants âgés de moins de six ans. En cas d'ingestion accidentelle d'une quantité excédant celle nécessaire au brossage, obtenez une aide médicale d'urgence ou communiquez immédiatement avec un centre antipoison. »**

De plus quand tu te brosses ton haleine reste fraiche pendant un bon moment. Même si tu te brosses avant de dormir quand tu te réveilles ton haleine reste toujours fraiche. En plus si vous savez que vous avez des problèmes de caries dentaires et que vous n'avez pas les moyens de voir un dentiste, brossez-vous les dents avec ce produit et vous verrez la différence.

## La pulpe d'aloès

Si tu veux débarrasser ton organisme de toutes les toxines ou impuretés, je te conseille la pulpe d'aloès. Si tu ronfles beaucoup toi aussi tu es concerné. Le petit bidon jaune comme on l'appelle communément est très efficace et c'est le produit clé de Forever. Forever est la première entreprise au monde à avoir réussi le test de qualité de l'aloès à cause de la pureté du produit. Ce produit est très riche en vitamines et minéraux. Il va booster votre organisme et vous permettre d'être en pleine forme.

## Le déodorant

Très bon produit contre les mauvaises odeurs et ne tâche pas vos vêtements. C'est un produit sans aluminium donc vous êtes à l'abri du cancer car 95% des déodorants sur le marché sont à base d'aluminium.

## Le parfum homme

Il n'y a pas un endroit où vous allez passer sans qu'on ne vous arrête pour vous demander le nom de votre parfum. Le parfum homme de Forever à base de citron sent très bon.

## Le désinfectant pour les mains

Voilà encore un produit qui sort de l'ordinaire. Tu frotte un peu dans ta paume c'est comme si tu avais mis du parfum. Il est tout petit et peut facilement glissé dans la poche. C'est un bon produit pour lutter contre les bactéries.

## Nature 18

Selon les médecins l'être humain doit consommer 5 fruits et légumes par jour pour permettre à l'organisme de mieux fonctionner. Nature 18 est un complément alimentaire sous forme de comprimés qu'on peut mâcher et qui regorge tous les 5 fruits et légumes dont l'organisme a besoin quand tu consommes 4 de ces comprimés.

## Les huiles essentielles

Ça vous permet de vous relaxer et faire disparaitre le stress. Je l'utilise à la maison comme désinfectant ou pour purifier l'air dans ma maison comme dans ma voiture. Ça sent très bon, vous avez en parfum citron, menthe et lavande. C'est la raison pourquoi ma famille est toujours souriante à la maison. Ne manquez jamais de ce produit à la maison !

## ARGI+

Si tu es beaucoup fatigué et tu as besoin de beaucoup d'énergie, ne manque pas de prendre un sachet d'ARGI+ le matin. Très bon produit pour la circulation sanguine et c'est un bon antioxydant surtout pour les fumeurs et ceux qui boivent beaucoup l'alcool.

La liste est tellement longue que je peux passer toute une journée pour parler des produits de Forever. Je n'ai pas pu mentionner le Thé pour ceux qui souffre de l'insomnie, des lotions et pommades à base d'aloès qui sont très bon, sans oublier les produits de beauté et maquillages pour les dames. Dans les prochaines éditions du livre, je demanderai à ma femme d'intervenir sur les produits pour les femmes. Néanmoins, prenez la peine de visiter ce site internet pour plus d'info sur les témoignages : http://www.aloepreneur.com/temoignage.pdf

## Question No.30 : Comment obtenir nos produits ?

Pour acheter nos produits c'est très simple, la personne qui vous a donné ce livre a une boutique en ligne et pourra vous aider à faire vos achats. Vous pouvez trouver à la fin du livre les contacts de cette personne.

## Question No.31 : Comment commercialiser nos produits ?

Si vous voulez commercialiser nos produits vous pouvez avoir des réductions et avoir les produits en prix de gros. Renseignez-vous auprès de la personne qui vous a passé ce livre pour bénéficier automatiquement de 15% de réductions sur tous les produits de Forever (Cela s'applique seulement aux gens qui vivent aux USA). Et si vous décidez de devenir Aloepreneurs vous pouvez gagner jusqu'à 35% de réduction sur tous les produits de Forever ici aux USA comme ailleurs.

# Section 6 : Notre proposition

### Question No.32 : Quel est notre proposition ?

Aujourd'hui notre proposition est de vous inviter à faire comme nous et nous rejoindre dans notre équipe. Nous voulons travailler avec vous afin de vous aider à réaliser vos rêves. Ensemble nous serons en mesure de réaliser beaucoup de choses contrairement à celui qui travaille tout seul. On s'occupera de votre formation et on vous montrera étape par étape le chemin à suivre afin de réussir.

Ce n'est pas par hasard que nous disons que nous avons la meilleure opportunité au monde. Nous le disons avec conviction car nous savons de quoi on parle. Certains avantages que vous bénéficierez en travaillant avec nous comprennent :

- **Vous travaillez à votre propre compte mais pas tout seul :** nous nous occuperons de votre formation afin que vous réussissiez dans votre affaire.
- **Vous économisez de l'argent, du temps et de l'énergie :** aucune opportunité ne vous permettra de gagner un salaire de plein temps en temps partiel.
- **Vous gagnez un revenu résiduel et illimité :** vous êtes au contrôle de ce que vous gagnez, seul le ciel est votre limite.
- **Vous n'avez pas besoin de diplômes ni d'expériences professionnelles :** nous serons là pour vous orienter quand vous avez des difficultés.
- **Vous pouvez démarrer votre entreprise avec un minimum de 100 $ :** cela représente $3.34 par jour que vous investissez dans votre affaire.
- **Vous avez la possibilité de vous développer personnellement :** vous allez apprendre à avoir plus confiance en vous et développer des qualités de leader.

- **Vous pouvez bénéficier d'avantages fiscaux :** à cause de votre Aloe Business vous pouvez désormais manger au restaurant, voyager et faire beaucoup d'autres choses intéressantes sans vous souciez des frais parce que le gouvernement vous permettra de déduire ces dépenses au moment où vous faites vos déclaration d'impôts si vous arrivez à prouver que cela est lié à votre Aloe Business. Voici un logiciel qui pourra vous aider à enregistrer vos dépenses : www.taxbot.com

- **Vous pouvez construire un héritage à vos enfants :** Le jour où vous n'êtes plus de ce monde vos enfants pourront jouir des fruits de vos efforts. Si votre Aloe Business vous rapportait $10.000 par mois le jour où vous n'êtes plus sur cette terre vos enfants ou votre famille continuera de bénéficier de ce même salaire.

- **Vous avez la possibilité de voyager à travers le monde :** Chaque année notre partenaire Forever vous donne la possibilité de voyager deux fois dans des destinations de rêve avec tous frais payés pour votre séjour à savoir le billet d'avion, l'hébergement et l'argent de poche. L'an dernier s'était Singapour et Cancun ; pour cette année se sera l'Afrique du Sud et la Grèce.

- **Vous pouvez travailler quand et où vous voulez :** vous avez le privilège de travailler depuis votre maison comme le fait le Président des Etats-Unis qui travaille depuis son domicile (la maison blanche).

- **Vous pouvez gérer votre entreprise à l'échelle mondiale :** votre Aloe Business peut s'étendre à plus de 160 pays à travers le monde.

- **Vous pouvez rouler dans votre voiture de rêve :** Notre partenaire vous offre la possibilité de rouler dans votre voiture de rêve, vous pouvez gagner entre $400 et $800 par mois pour le paiement de votre voiture.

- **Vous avez votre propre mentor :** vous avez quelqu'un qui a réussi dans ce business qui s'occupera de votre formation et vous orientera vers le droit chemin. Un peu comme Bill Gates qui t'enseigne comment diriger une entreprise similaire à Microsoft.

- **Vous avez le contrôle total de votre vie :** vous êtes votre propre patron et vous décidez de ce que vous voulez faire de votre vie.

## Question No.33 : Comment bénéficier de tous ces avantages ?

Pour bénéficier de tous ces avantages vous devez devenir Aloepreneur et appliquer notre système. Pour devenir Aloepreneur vous devez suivre les étapes suivantes :

- **Etape 1** : Faire une commande de $100 de produits ou l'équivalent de 0.570 points.

- **Etape 2 :** Réserver votre formation avec votre sponsor pour qu'on mette en place un plan d'action pour vous aider à réaliser vos rêves.

- **Etape 3** : Recruter 3 personnes qui vont aussi faire une commande de $100 de produits ou l'équivalent de 0.570 points. (Votre sponsor vous aidera à recruter ces 3 personnes)

## Question No.34 : Qu'est-ce que ça veut dire 0.570 points ?

Chaque produit de notre partenaire Forever représente un certain nombre de points. Par exemple la pâte dentifrice représente 0.034 points, la pulpe d'aloès représente 0.090 points, le parfum homme représente 0.177points, le savon à base d'avocats représente 0.027 points, le petit paquet de 3 huiles essentielles représente 0.145 points, le paquet du thé représente 0.071 points, le déodorant 0.032 points, etc. Quand vous passez votre commande de produits vous êtes libre de choisir les produits que vous voulez à condition que vous fassiez un achat minimum de 0.570 points ou l'équivalent de $100 ici aux USA. Si on prend notre exemple, les différents produits mentionnés nous donnent un total de 0.576 points et cela est déjà bon parce qu'on veut atteindre au moins 0.570 points de consommation de produits. Voir le tableau à la page suivante :

| Product Name (Turn off product image) | Unit Price (Unit cc) | Qty | Total Price (Total cc) | |
|---|---|---|---|---|
| Forever Aloe Vera Gel™ Product #015 | 18.66 USD 15.86 USD (0.090) | 1 | 18.66 USD 15.86 USD (0.090 cc) | 🗑 |
| Forever Bright® Toothgel Product #028 | 7.03 USD 5.97 USD (0.034) | 1 | 7.03 USD 5.97 USD (0.034 cc) | 🗑 |
| Aloe Ever-Shield® Product #067 | 6.63 USD 5.63 USD (0.032) | 1 | 6.63 USD 5.63 USD (0.032 cc) | 🗑 |
| Aloe Blossom Herbal Tea® Product #200 | 14.72 USD 12.51 USD (0.071) | 1 | 14.72 USD 12.51 USD (0.071 cc) | 🗑 |
| Men 25th Edition® Cologne Spray Product #209 | 37.00 USD 31.45 USD (0.177) | 1 | 37.00 USD 31.45 USD (0.177 cc) | 🗑 |
| Avocado Face and Body Soap Product #284 | 5.58 USD 4.75 USD (0.027) | 1 | 5.58 USD 4.75 USD (0.027 cc) | 🗑 |
| Forever™ Essential Oil Tri-Pak Product #512 | 29.96 USD 25.46 USD (0.145) | 1 | 29.96 USD 25.46 USD (0.145 cc) | 🗑 |

› Continue Shopping    As of 4/8/16 5:41:45 PM (AZ Time), you are 2 cc short of your next goal.

Total Case Credits    7 0.576 cc

Save Cart    Update Items

Subtotal:    101.63 USD

Checkout

52

## Question No. 35 : Comment devenir riche avec notre système ?

Voici la question la plus importante de ce livre. Tout ce que vous avez appris aujourd'hui se résume uniquement à la réponse de cette question. Si vous voulez avoir le contrôle de votre vie et gagnez votre salaire annuel par mois pour le restant de votre vie, voici la clé de votre succès : **L'Aloe Business System.**

C'est un système très simple qui repose sur 3 étapes à savoir :
Etape 1 : La consommation personnelle
Etape 2 : La création d'entreprise
Etape 3 : Le développement de votre organisation

### Etape 1 : La consommation personnelle
Dans cette étape **vous consommez par mois $100** de produits à base d'aloès. L'objectif est de vous familiariser aux produits de notre partenaire. Dans cette étape on vous appelle **nouveau consommateur ou novus customer** car vous ne recevez pas encore de commissions. Mais si vous avez fait votre inscription en ligne vous bénéficiez seulement de **15% de réduction** sur tous les produits.

### Etape 2 : La création d'entreprise
Après avoir pris connaissance de nos produits et de les avoir utilisé, la prochaine étape est de recommander les produits aux personnes de votre entourage ou connaissances. Dans cette étape vous êtes maintenant prêt pour vous lancer dans les affaires car vous avez utilisé les produits vous-même et vous avez confiance aux produits.

Vous allez maintenant **recruter 3 personne**s qui veulent travailler à leur propre compte et devenir leur propre patron. Chaque personne va passer une commande de $100 de produits pour atteindre l'**étape 1** mentionné plus haut. Une fois que vous avez eu vos 3 personnes, vous êtes devenu officiellement **Aloepreneur ou Assistant Supervisor** (Animateur Adjoint). C'est dans cette étape que vous bénéficiez de **35% de**

**réduction** sur tous les produits et **gagnez 20%** sur chaque **personne recrutée**. Vous avez **un délai de deux mois pour recruter vos trois personnes**. Mais rappelez-vous que vous ne feriez pas le travail tout seul, votre sponsor c'est-à-dire celui ou celle qui vous a introduit dans ce business va vous aider à recruter les 3 personnes dans le cas contraire si votre sponsor est nouveau ce livre va s'occuper de faire passer le message pour vous afin de recruter les gens dans votre équipe ou organisation.

### Etape 3 : Le développement de votre organisation

Une fois que vous devenez Aloepreneur, vous êtes maintenant votre propre patron. Dans cette étape votre **consommation mensuelle** va passer de 0.570 point à **1 point** (ce qui représente ici aux USA à peu près $170-$180).

Ensuite, vous allez aider les **3 personnes recrutées à devenir aussi Aloepreneur** en aidant chacune d'entre elles à recruter 3 personnes (étape 2) ou laisser le livre faire le travail pour vous. Une fois que ces trois personnes sont devenues Aloepreneurs, vous allez les encourager à suivre l'étape 3.

Pour résumer, vous commencez votre équipe ou organisation avec seulement 3 personnes que vous encouragerez à suivre étape 1, étape 2 et étape 3. Une fois que ces 3 personnes deviennent Aloepreneur c'est-à-dire atteignent l'étape 2, vous pouvez maintenant chercher de nouvelles personnes qui veulent devenir aussi Aloepreneur et les aider à suivre étape 1, étape 2 et étape 3. Nous recommandons de travailler avec seulement 2 nouvelles personnes par mois.

En respectant à la lettre ce système ou les trois étapes, nous pouvons vous garantir que votre organisation s'étendra dans les 4 coins du monde :

Etape 1 : Consommez $100 de produits par mois.

Etape 2 : Recrutez 3 personnes qui vont suivre étape 1, étape 2, étape 3.

Etape 3 : Consommez $170-$180 de produits par mois + recrutez 2 nouvelles personnes par mois qui vont suivre étape 1, étape 2, étape 3.

**C'est tout le système qui est là et si vous l'appliquez, vous réussirez !**

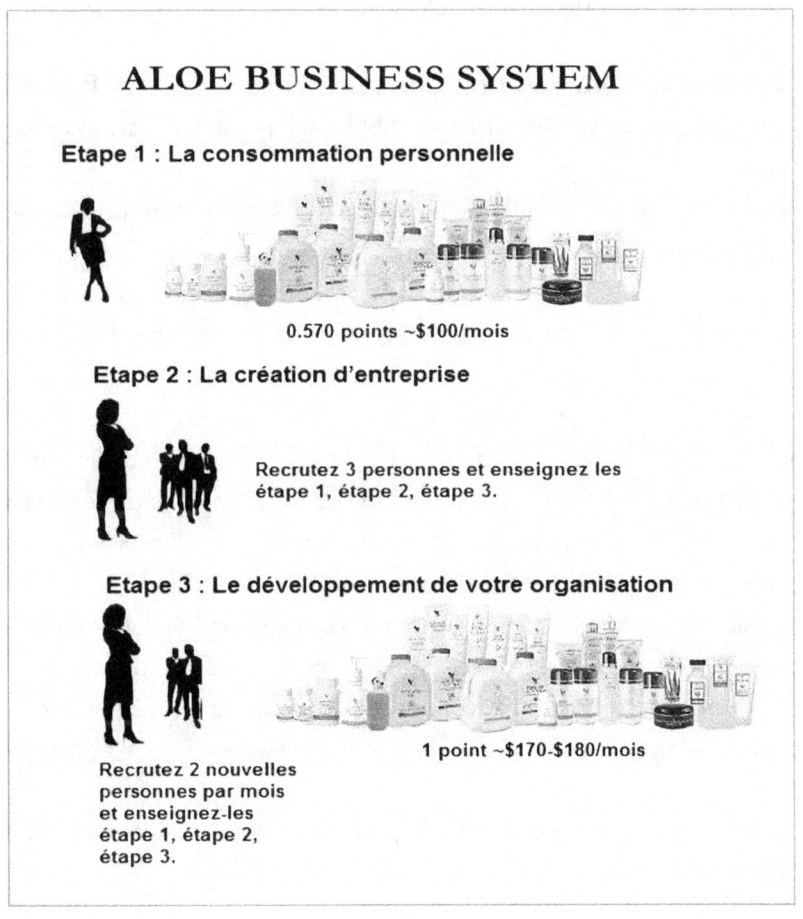

C'est un système qui est prouvé et qui fonctionne parfaitement. Si aujourd'hui les grandes entreprises comme Microsoft ou Facebook ont réussi c'est parce qu'elles ont un système fiable et solide. Une fois que votre système est mis en place, vous n'avez plus à vous faire de soucis. Votre Aloe Business s'étendra dans tous les quatre coins du monde et l'argent travaillera pour vous.

**Question No.36 : Avez-vous d'autres options pour avoir le controle total de votre vie et réaliser le genre de revenu que notre opportunité peut vous offrir?**

J'aimerais qu'on réfléchisse ensemble sur les différentes options que vous avez :

1. **Pouvez-vous me montrer une seule banque ici aux Etats-Unis qui est prête à vous donner $500.000 pour commencer votre projet ?**

Je peux vous garantir qu'aucune banque ne vous accordera un chèque de $500.000 pour commencer votre projet. Si on ne vous connaît pas et on ne sait pas de quoi vous êtes capable, personne n'acceptera de vous donner de l'argent à moins que vous ayez une personne influente qui vous soutient. Si personne ne veut faire du business avec toi c'est tout simplement parce que personne ne veut prendre de gros risques avec toi. Si tu échoues comment ils font pour rentrer en possession de leur argent. Donc si vous prenez cette voie vous ne serez pas capable de réaliser vos rêves. **Mais la bonne nouvelle est qu'avec Forever vous pouvez gagner un bonus annuel qui va de $4000 à $1 million.** L'an passé à Singapour, Forever a payé plus de $24 millions de bonus à des milliers d'Aloepreneurs à travers le monde et cette année des milliers de personnes recevrons des chèques en Afrique du Sud. Pourquoi ne pas recevoir votre chèque l'an prochain ?

2. **Est-ce que vos économies peuvent vous assurer la liberté financière ?**

Avec les temps qui courent, combien de personnes arrivent aujourd'hui à économiser ? D'ailleurs le salaire ne suffit plus ; après avoir payé tes factures il n'y a plus rien qui reste. Tu as même peur de tomber malade parce que là encore ce sera la catastrophe. Les soins médicaux coutent très chers ici aux États-Unis. Donc si vous prenez cette voie vous ne serez pas capable de réaliser vos rêves. **Mais la bonne nouvelle est que si tu consommes régulièrement nos produits, tu seras en pleine forme et paraitra plus jeune que ton âge.**

### 3. Avez-vous beaucoup d'argent pour investir en bourses ou dans l'immobilier ? Quel est votre avantage concurrentiel si vous créez votre propre entreprise ?

Si la banque ne te donne pas d'argent et que tu utilises tes économies personnelles. Quelles sont tes chances de réussite sur le marché ? Penses-tu que tu peux rivaliser avec les grandes entreprises comme Microsoft ou Coca Cola ? Soyons réaliste, toi-même tu sais que tu ne peux pas ! Car tu vas te faire écraser. Commencer son propre business tout seul demande beaucoup de sacrifices, d'efforts, d'argents et de temps. Je sais de quoi je parle car j'ai créé moi-même plusieurs entreprises avant le marketing de réseau. J'ai même failli perdre mon mariage parce que ça me prenait beaucoup de temps. Tu es au four et au moulin, tu es à la fois apprenti et chauffeur parce que tu es tout seul et tu dois tout faire toi-même. Le jour tu ne travailles pas sur ton business ce jour-là tu ne gagnes pas d'argent. Regardez un peu les avocats ou les médecins, ils ne peuvent pas aller en vacance plus de 6 mois car leurs revenus sont limités. Ils sont payés à l'heure comme toi mais la différence est qu'ils gagnent un peu plus ; s'ils arrêtent de travailler le revenu s'arrête aussi. Donc si vous prenez cette voie vous ne serez pas capable de réaliser vos rêves. **Mais la bonne nouvelle est que tu n'as pas à faire ce business tout seul si tu t'associes avec nous.** Forever nous permet de s'appuyer sur elle en nous offrant une opportunité unique. Elle a déjà fait ses preuves depuis 1978 et continue de s'imposer sur le marché mondial. Forever est le leader mondial de l'aloès et est une entreprise stable et puissante. En s'associant avec elle vous êtes sûr de pouvoir réussir car vous n'avez rien à craindre : vous n'avez pas à créer vos propres produits car Forever a des excellents produits qui sont prêts à être commercialisés, vous n'avez pas besoin d'un local commercial ou louer un magasin, ou d'embaucher des commerciaux car Forever s'occupe de nos clients grâce à notre boutique en ligne qui est ouvert 24 heures sur 24, 7 jours sur 7 et les filiales de Forever qui sont présentes à travers le monde.

## 4. Quels sont tes chances pour gagner à la loterie ou bénéficier d'un héritage ?

Malheureusement tes chances sont très minimes. Donc si vous prenez cette voie vous ne serez pas capable de réaliser vos rêves. **Mais la bonne nouvelle est que vous pouvez créer votre propre économie et avoir le contrôle de votre vie si vous nous rejoignez.**

## 5. Pensez-vous que votre pension pourra s'occuper de vous et votre famille ?

Si votre salaire d'aujourd'hui ne suffit pas ce n'est pas la pension qui va suffit. Qu'est-ce que 50% de votre salaire va changer dans votre style de vie ? Pourquoi sacrifier 40 ans de votre vie en train de travailler pour quelque chose qui ne pourra pas vous profiter ? Donc si vous prenez cette voie vous ne serez pas capable de réaliser vos rêves. **Mais la bonne nouvelle vous n'avez pas à quitter votre emploi aujourd'hui ; vous pouvez faire votre Aloe Business de côté jusqu'à ce que vous gagniez trois ou cinq fois votre salaire mensuel.** Je peux vous garantir que si vous appliquez notre système à la lettre, vous serez financièrement indépendant pour le restant de votre vie dans les 3 à 5 années à venir et vous ne travaillerez plus jamais pour de l'argent mais plutôt l'argent travaillera pour vous.

Je peux passer toute une journée à vous donner plusieurs exemples et vous verrez qu'en aucun cas vous pourrez avoir plus mieux ailleurs que notre opportunité pour un investissement de **$100 par mois**.

### Question No.37 : Que retenir de notre Aloe Business?

Puisque notre Business est beaucoup différent des autres types de business. Nos activités principales reposeront essentiellement sur trois choses à savoir : vendre, recruter et former.

En tant qu'Aloepreneur vous jouerez le rôle de messager et non du message. Votre mission est de donner espoir aux gens en les informant sur notre opportunité d'affaire et nos excellents produits. Pour cela, une fois vous passez votre commande de $100 vous allez suivre les étapes suivantes :

- Etape 1 : Réserver votre formation avec votre mentor.
- Etape 2 : Faire la liste de vos amis et connaissances.
- Etape 3 : Inviter les gens
- **Etape 4 : Présenter l'opportunité\***
- Etape 5 : Le follow-up ou suivi du client
- Etape 6 : Aider les gens à passer leur commande
- Etape 7 : Former les gens

Tout le long de votre carrière en marketing de réseau, vous apprendrez à vous familiariser à chacune de ces étapes. Nous nous occuperons de votre formation.

**\*L'Aloepreneur utilisera toujours ce livre, ou l'aide de son sponsor pour présenter notre opportunité aux autres. En aucun cas il devra présenter tout seul l'opportunité aux autres avant d'avoir reçu sa formation.**

## Question No.38 : Pensez-vous que vous pouvez recommander ce livre à quelqu'un pour l'instruire sur notre opportunité ?

Votre réponse doit être « **absolument oui !** ».

Comme vous pouvez le constater vous ne jouez que le rôle de messager et vous laissez le livre s'occuper de parler à votre place et instruire vos amis et connaissances sur nos produits et notre opportunité. En aucun cas, vous n'expliquerez notre opportunité à quelqu'un à moins que vous soyez formé. Votre sponsor se chargera de votre formation et encadrement afin de réussir dans ce business.

## Question No.39 : Voyez-vous un obstacle quelconque qui vous empêchera de réussir?

N'hésitez pas à nous faire part de vos commentaires, questions ou préoccupations si jamais vous ne comprenez pas quelque chose dans ce livre. On ne pourra uniquement vous servir si et seulement si vous partagez avec nous ce qui vous préoccupe. Ce livre a été écrit à cause de vous et nous serons très heureux de vous aider à réaliser la vie de vos rêves : envoyez-nous un email à info@yaraloua.com

# Conclusion

Nous sommes à la fin de notre livre, nous vous avons donné toutes les informations dont vous avez besoin afin de prendre de bonnes décisions. Désormais, la balle se trouve dans votre camp et vous êtes libre de choisir la façon dont vous voulez passer le restant de votre vie :

- Vous avez le choix entre continuer de travailler dur en plein temps pour enrichir votre patron ou travailler dur en temps partiel pour vous enrichir vous-même.

- Vous avez le choix de continuer de travailler dur en temps plein pour payer vos factures et mourir malheureux ou travailler dur en temps partiel pour vous-même afin d'offrir un avenir meilleur à votre famille.

- Vous avez le choix de continuer de travailler dur en temps plein pour peu ou de travailler dur en temps partiel pour vous-même pour gagner trois choses à savoir beaucoup d'argent, beaucoup de temps et une excellente santé.

- Vous avez le choix de travailler dur en temps plein pour partir à la retraite après 30 ou 40 ans  pour bénéficier uniquement de 50% de votre salaire ou travailler dur en temps partiel pour vous-même pour partir à la retraite dans les 3 à 5 prochaines années et de ne jamais travailler encore pour de l'argent pour le restant de votre vie.

- Vous avez le choix de travailler dur dans un milieu stressant et qui dégrade votre santé ou travailler dur en temps partiel pour vous-même pour partir en vacance avec votre famille à travers le monde.

# Posez-vous ces quelques questions :

1.  Si vous avez un pneu secours dans votre voiture, c'est parce que vous ne voulez pas être bloqué quelque part en temps de crevaison. N'est-ce pas ? Mais si vous n'avez pas une autre source de revenus comme votre Aloe Business, que feriez-vous si vous perdez votre emploi aujourd'hui ? Avec le développement des nouvelles technologies qui cause la disparition de beaucoup d'emplois. Ne serait-il pas bon d'avoir une assurance pour votre revenu ?

2.  Entre nous, dites-moi de façon honnête, Est-ce que vous faites du sport au moins 30 minutes par jour ? Est-ce que vous consommer 5 fruits et légumes par jour ? Pensez-vous que votre alimentation ou votre qualité de vie peut vous mettre à l'abri des maladies ? Avez-vous les moyens pour vous occuper de votre santé et celle de votre famille ? Si oui, pensez-vous que le montant que vous dépensez par mois est équivalent à $100. La santé n'a pas de prix !

3.  Est-ce que vos économies pourront s'occuper de vous et votre famille une fois que vous partez à la retraite ? Pour gagner un revenu de $10,000 par mois il vous faut au moins 3 millions de dollars dans votre compte d'épargne. Pensez-vous que vos économies pourront atteindre ce montant quand vous partez à la retraite ? Ne serait-il pas bon de penser aujourd'hui à l'après retraite en prenant de bonnes décisions ?

# Etes-vous prêt à changer votre vie?

La vie est une question de choix. Les choix que vous faites aujourd'hui détermineront votre avenir.

**Choisissez sagement…**

Pour terminer, je vais partager avec vous cette citation de Jeremy Kitson qui a dit : « Le destin n'est pas une question de chance. C'est une question de choix : ce n'est pas quelque chose qu'on doit attendre, mais quelque chose qu'on doit accomplir. »

Il est temps pour vous de faire votre choix :

- **CHOIX A : Je suis partant et je veux devenir un Aloepreneur.**

- **CHOIX B : Je ne sais pas encore mais je veux essayer les produits.**

- **CHOIX C : J'aimerais avoir plus d'informations.**

Retournez auprès de la personne qui vous a donné ce livre et faites-lui savoir votre choix. Vous pouvez contacter cette personne au :

_____.

Cher(e) ami(e),

Si votre choix est A ou B, vous aurez besoin de ces informations suivantes pour faire vos achats :

- Étape 1 : Partez sur www.foreverliving.com si vous vivez aux USA ou _____

- Étape 2 : Cliquez sur « Join » ou « S'inscrire » et remplissez le formulaire d'inscription.

- Étape 3 : Utilisez les informations suivantes parce que je suis votre sponsor ou parrain :

**Nom et prénom :** _____

**FBO ID No. (Mon numéro de Licence Forever) :**

_____

- Étape 4\* : Après votre achat, réservez votre formation avec notre grand mentor Yara Loua en appelant au +1(267) 538 7972 ou en lui envoyant un email à info@yaraloua.com.

\* réservez uniquement aux membres de l'équipe de Yara Loua. Vous devez faire partie de sa lignée ou downline pour recevoir cette formation.

Pour plus d'info sur les étapes à suivre, suivez nos vidéos démos à l'adresse suivante: http://www.aloepreneur.com/orientation/

www.ingramcontent.com/pod-product-compliance
Lightning Source LLC
Chambersburg PA
CBHW070356190526
45169CB00003B/1030